Ketogene Ernährung

Das Kochbuch:

77 leckere Rezepte - Frühstück, Mittagessen, Abendessen, Smoothies, Desserts

Inhaltsverzeichnis

Einleitung:Die Ketogene Ernährung

Ketogene Diät heißt einfach, Kohlenhydrate mit Fett zu ersetzen. Dein Körper braucht einen Brennstoff und der besteht in unserer heutigen Ernährung aus Glukose. Diese wird aus Zucker und Kohlenhydraten gewonnen. Wenn der Körper jedoch keine Kohlenhydrate mehr bekommt, so verbrennt er Fett als Treibstoff und Ketonkörper werden erzeugt. Somit wird der Körper ermutigt, Fettdepots schneller zu verbrennen und auch besser zu funktionieren. Es gibt mehrere Vorteile einer ketogenen Ernährung:

- fördert ein gesundes und dauerhaftes Abnehmen
- kann neurologische Krankheiten wie Epilepsie heilen
- hält den Blutzucker im Griff
- beugt Erkrankungen des Stoffwechsels vor wie Typ-2-Diabetes und kann diese auch heilen
- Cholesterinspiegel wird optimiert und beugt so Herz-Kreislauf-Erkrankungen vor
- verleiht mehr Energie und Konzentrationsfähigkeit
- hemmt das Hungergefühl
- sorgt für ein hormonelles Gleichgewicht und heilt somit Akne und Menstruationsbeschwerden

- kann Schilddrüsenerkrankungen heilen und sorgt somit für seelisches Wohlbefinden.

Bestimme dein Ziel

Menschen beginnen mit einer ketogenen Diät aus verschiedenen Gründen. Abnehmen ist dabei die Hauptmotivation, wobei viele auch nur gesünder leben wollen, Muskeln aufbauen oder besser schlafen und effizienter arbeiten möchten.

Je nachdem, warum du eine Ketogene Diät führen willst, solltest du deinen täglichen Konsum an Kohlenhydrate bestimmen. Zum Zweck des Abnehmens sollten diese keineswegs 50 Gramm/Tag überschreiten. 50 Gramm Kohlenhydrate entsprechen aufgrund dieses Rezeptbuches 4-5 Mahlzeiten von jeweils 10-12 Gramm Kohlenhydraten pro Portion. Diese Menge ist jedoch mühelos einzuhalten, da die meisten Rezepte im Durchschnitt 5 Gramm Kohlenhydrate pro Portion enthalten. Außerdem macht eine Portion voll, da sie viele Kalorien hat und reich an wichtigen Nährstoffen ist. Deshalb bleibst du mit diesen Rezepten bestimmt unter dem Limit, außer du hast mal eine nicht-ketogene Eskapade.

Möchtest du nicht unbedingt abnehmen, aber trotzdem in Ketose bleiben? So sollten deine Kohlenhydrate nicht 100 Gramm/Tag überschreiten.

Kohlenhydrate sind jedoch nicht immer Kohlenhydrate. Darunter werden in der Regel auch

Ballaststoffe mit einberechnet, welche den Blutzucker nicht beeinflussen. Die Berechnung für Kohlenhydrate ist jedoch von Mensch zu Mensch unterschiedlich. Dieser Kalorienrechner https://www.living-keto.de/ketorechner-kalorien-tagesbedarf/ kann dir dabei helfen, dein Tageslimit zu bestimmen.

Folge den Regeln

1. Für optimale Ergebnisse, esse Lebensmittel die in diesem Rezeptbuch vorgesehen sind. Wenn du eine Zutat mit Kartoffeln oder Reis ersetzt, bist du nicht nur aus der Ketose raus, sondern wirst keine Ergebnisse auf der Waage sehen.
2. Höre mit dem Essen auf, sobald du satt bist. Man kann die Kalorienzufuhr schnell überschreiten und das wird deine Ergebnisse stark verzögern. Am Anfang der ketogenen Diät ist dein Stoffwechsel noch in der Gewöhnungsphase und die Reaktion auf Leptin (das Hormon des Sättigungsgefühls) ist noch verzögert. Mit der Zeit wirst du immer schneller auf Leptin reagieren, verglichen zu einer herkömmlichen Ernährungmit Glukose. Du wirst weniger essen und dabei schneller satt werden.

3. Habe deine Ballaststoffe im Griff. Dies ist wichtig, um Verstopfungen zu vermeiden und das Gleichgewicht der Darmflora aufrecht zu halten. Weil die meisten Ballaststoffe im Getreide stecken (Weizen, Gerste, Hafer) musst du ab jetzt deine Ballaststoffe aus Gemüseholen .

Kaufe ein

Die Rezepte basieren auf folgenden Zutaten:

- Milchprodukte: saure Sahne, Schlagsahne, Kochsahne, Frischkäse, Mascarpone, Parmesan, Mozzarella und verschiedene Käsesorten (am Stück, in Scheiben oder gerieben)
- Fleischprodukte: Chorizo, Bacon, Schinken, Hackfleisch vom Rind, Schwein und Lamm, Hähnchenbrust
- Fischprodukte: Thunfisch, Lachs
- Gemüse: Avocado, Brokkoli, Rosenkohl, Blumenkohl, Tomaten, Zwiebeln, Knoblauch, Salat, Paprika
- Obst: Erdbeeren, Apfel, Heidelbeeren, Zitrone, Limette

Abgesehen von diesen alltäglichen Produkten empfehle ich folgende Lebensmittel, die zum ketogenen Kochen und Backen dazugehören. Alle diese Produkte sind leicht zu finden. Wenn es sie nicht im Supermarkt gibt, dann bestimmt im Drogeriemarkt oder Reformhaus. Kein Online-Shoppen nötig!

1. Fette:
   - Kokosöl
   - Ghee (klare Butter, wird meist in der indischen Küche benutzt)
   - zuckerfreier Mandelmus
   - Kakaobutter

2. Mehl
   - Mandelmehl
   - Kokosmehl
   - Flohsamenschalen

3. Sonstiges
   - Kokosraspeln
   - Kokoschips
   - zuckerfreier Ahornsirup
   - Stevia (flüssig)
   - Erythritol (auch Erythrit, in Kristallform)
   - Vanilleessenz (flüssig, zuckerfrei)

Nun haben wir alle wichtigen Punkte besprochen. Jetzt geht es an die Arbeit. Ärmel hochkrempeln, Schürze umbinden und los geht's!

Frühstück

Frühstücks-Muffins mit Bacon

Zubereitungszeit: 30 Minuten. Ergibt 3 Portionen.

2 Eier

100ml Kochsahne

2 dünne Scheiben Bacon oder Speck

4 EL geriebener Käse

Salz und Pfeffer

Ofen auf 180°C vorheizen. Eier, Sahne, Salz und Pfeffer in einer Schüssel gut verquirlen. Eimischung in ein Cupcake-Backblech gießen. Bacon oder Speck in Stücke schneiden und über die Eimischung verteilen. Geriebener Käse auf die Mischung streuen. Cupcake-Blech in den Ofen schieben und 20 Minuten backen oder bis eine goldbraune Kruste entsteht.

Nährwerte p.P.: 257 Kalorien; 23g Fett; 1,6g Kohlenhydrate, davon weniger als 1g Zucker; 12g Eiweiß.

Frühstücks-Muffins mit Spinat und Feta

Zubereitungszeit: 45 Minuten. Ergibt 6 Portionen.

6 Eier

Eine handvoll Spinatblätter

100g Fetakäse, zerdrückt

½ Tasse geriebener Käse

Ofen auf 170°C vorheizen. Spinat waschen, in einen Topf mit heißem Wasser geben und 1 Minute aufkochen. Spinat abtropfen und abkühlen lassen.

Eier mit einem Mixer zu einem Schaum verarbeiten. Den abgekühlten Spinat zum Eischnee geben und kurz verrühren. In 6 Cupcake-Förmchen verteilen und mit Feta bestreuen. 30 bis 35 Minuten backen, bis die Muffins goldbraun werden.

Nährwerte p.P.: 123 Kalorien; 8g Fett; 3g Kohlenhydrate, davon 1g Zucker; 10g Eiweiß.

Rosmarin-Quiche

Zubereitungszeit: 40 Min. Ergibt 6 Portionen.

6 Eier

200g Schinkenwürfel

½ Tasse Kochsahne

2 EL Frischkäse

1 TL frischer Rosmarin, fein geschnitten

1 TL Olivenöl

1 TL Salz

Ofen auf 190°C vorheizen. Ein flaches Blech/ eine flache Auflaufform mit etwas Olivenöl einfetten. Eier in einer Schüssel verquirlen, die restlichen Zutaten dazu geben und gut vermischen. Eimischung in die Form schütten und im Ofen für ca. 30 Minuten backen, bis die Oberfläche goldbraun wird. Quiche aus dem Ofen nehmen und vor dem Servieren abkühlen lassen.

Nährwerte p.P.: 185 Kalorien ;15g Fett; 2g Kohlenhydrate, davon 0g Zucker; 12g Eiweiß.

Avocado-Omelette

Zubereitungszeit: 15 Min. Ergibt 1 Portion.

1 Avocado, in dünne Scheiben geschnitten

2 Eier

1 EL Kokosöl

¼ geriebener Käse

Prise Salz

Eier in einer Schüssel verquirlen. Kokosöl in einer Pfanne auf mittlerer Stufe anschwitzen und Eier zu einem Omelett anbraten. Auf einen flachen Teller übertragen, geriebenen Käse darauf verstreuen und die Avocadoscheiben darüberlegen. Mit Salz würzen.

Nährwerte p.P.: 270 Kalorien; 30g Fett; 2,1g Kohlenhydrate, davon 1g Zucker; 20g Eiweiß.

Wolkenbrot

Zubereitungszeit: 30 Min. Ergibt 5 Portionen.

3 Eier

¼ TL Backpulver

3 EL Frischkäse

Ofen auf 150°C vorheizen und ein Backblech mit Backpapier auslegen. Eier trennen und das Eiweiß und Backpulver mit einem Mixer zu einer festen Masse schlagen. In einer separaten Schüssel das Eigelb mit dem Frischkäse schlagen, die Masse dann im Eiweiß vorsichtig unterheben. Mit einem Löffel die Mischung auf dem Blech zu einem Fladen formen. Es sollte für 6 große oder 9 mittelgroße Fladen reichen.

Blech in den Ofen schieben und 15 Minuten backen. Je nach Wunsch servieren.

Wolkenbrot kann auch als Burgerbrötchen beim Low-Carb Burger (siehe Kap. „Hauptgerichte") eingesetzt werden. Bevor es in den Ofen geht, Brötchen einfach mit Chiasamen oder Sesam bestreuen.

Nährwerte p.P.: 67 Kalorien; 25,5g Fett; 2g Kohlenhydrate, davon 0g Zucker; 21g Eiweiß.

Ketogenes Brötchen

Zubereitungszeit: 3 Minuten. Ergibt 1 Portion.

1 Ei

1 EL Mandelmehl

1 TL Flohsamenschalen

1 EL Butter, flüssig

¼ TL Backpulver

Butter und Ei in einer Müslischüssel verquirlen. Restliche Zutaten dazugeben und zu einem Teig vermischen. Schüssel in die Mikrowelle stellen und 60 Sekunden quellen lassen.

Schüssel umdrehen, Brötchen vorsichtig lösen und in 2 Scheiben schneiden.

Eignet sich gut als Burgerbrötchen oder belegtes Brot für unterwegs.

Nährwerte p.P.: 250 Kalorien; 25g Fett; 6g Kohlenhydrate, davon 0g Zucker; 12g Eiweiß.

Kürbisbrot

Zubereitungszeit: 80 Minuten. Ergibt 10 Scheiben.

1 ½ Tasse (200g) Mandelmehl

2 Eier

½ Tasse Kürbis, püriert

½ Tasse Kokosmilch

¼ Tasse Flohsamenschalen

¼ Erythritol, Kristallform

2 TL Backpulver

Prise Salz

Ofen auf 170°C vorheizen und eine Königskuchenform mit Backpapier auslegen. Alle trockenen Zutaten (außer Erythritol) in einer Schüssel vermischen. Kürbis und Kokosmilch dazugeben und zu einer Paste verrühren. Eier und Erythritol in einer separaten Schüssel mit einem Mixer schlagen. Schaum unter die Kürbismischung unterheben.

Teig in die Kuchenform geben und glätten. In den Ofen schieben und circa 70 Minuten backen. Zahnstocherprobe durchführen.

Nährwerte pro Scheibe: 119 Kalorien; 8g Fett; 8g Kohlenhydrate, davon 2g Zucker; 4g Eiweiß.

Nachricht an den Leser

Lieber Leser, liebe Leserin,

leider hat dieses Buch nur Schwarz-Weiß Bilder. Wir hätten sehr gerne das Buch in Farbe drucken lassen, jedoch sind wir nur ein sehr kleiner Verlag. Daher sind die Druckkosten sehr hoch und wir hätten dieses Buch nicht unter 20€ anbieten können, was unangemessen teuer ist.

Als kleine Entschuldigung würden wir Ihnen gerne das Buch als PDF mit Farbbildern zusenden.

Schreiben Sie uns einfach eine E-Mail an:

dein.buecher.shop@gmail.com

Wir hoffen auf Ihr Verständnis.

Frischkäse-Rührei mit Zimt

Zubereitungszeit: 15 Min. Ergibt 3 Portionen.

6 EL Frischkäse

2 EL Kochsahne

3 Eier

1 EL Ghee

1 TL Kokosmehl

½ TL Zimt

1 EL zuckerfreier Ahornsirup

Frischkäse, Kochsahne, Eier, Kokosmehl und Zimt in einem Mixervermischen. Ghee in einer Pfanne anschwitzen. Ei vorsichtig zu einem Rührei verrühren. Auf einem Teller übertragen und mit Ahornsirup beträufeln.

Nährwerte p.P. (ohne Sirup): 240 Kalorien; 22g Fett; 2g Kohlenhydrate, davon weniger als 1g Zucker; 8g Eiweiß.

Kokosmüsli

Zubereitungszeit: 10 Min. Ergibt 4 Portionen.

2 Tassen Kokos-Chips

½ Walnüsse, grob geschnitten

1 TL Zimt

Mandelmilch, ungesüßt

Ofen auf 190°C vorheizen und ein Backblech mit Backpapier auslegen. Kokos-Chips und Walnüsse auf das Blech verteilen, in den Ofen schieben und goldbraun rösten, etwa 5 Minuten. Das Backblech aus dem Ofen nehmen und gleich mit Zimt bestreuen. Ein Viertel von der Menge in eine Müslischüssel geben und zuckerfreie Mandelmilch darüber gießen. Gleich servieren. Das restliche Kokosmüsli in einer Tupperbox trocken lagern.

p.P. (ohne Mandelmilch): 238 Kalorien; 14g Fett; 8g Kohlenhydrate, davon 2g Zucker; 4g Eiweiß.

Ketogener Pfannkuchen

Zubereitungszeit: 15 Minuten. Ergibt 1 Portion.

3 EL Frischkäse

2 Eier

1 EL Kokosmehl

½ TL Zimt

2 Tropfen Vanilleessenz

1 Tropfen Stevia

Prise Backpulver

Alle Zutaten in einer Schüssel vermischen. Eine Pfanne vorheizen und mit etwas Kokosöl oder Ghee einfetten. Mischung einfach wie einen gewöhnlichen Pfannkuchen zubereiten. Mit 1 EL zuckerfreiem Ahornsirup servieren.

Nährwerte p.P.: 337 Kalorien; 28g Fett; 3g Kohlenhydrate, davon 0g Zucker; 14g Eiweiß.

Salzige Käsekekse mit Bacon

Zubereitungszeit: 30 Minuten. Ergibt 4 Portionen.

1 Tasse Mandelmehl

4 Eiweiße

4 Eidotter

4 Scheiben Käse nach Wahl

4 Scheiben Bacon, knusprig gebacken

80g Butter, kühl

1 TL Backpulver

Ofen auf 170°C vorheizen und ein Backblech mit Backpapier auslegen. Mandelmehl mit Butter vermischen und zu einer Paste verarbeiten.

Eiweiße mit Backpulver mit einem Mixer schaumig schlagen. Eischnee in die Mehlmischung unterheben. Teig in 4 Portionen teilen und jeweils in Keksform auf das Backpapier legen. Backblech in den Ofen schieben und ca. 20 Minuten goldbraun backen.

Eigelbe in einer Pfanne mit etwas Olivenöl ähnlich wie Omelette auf mittlerer Stufe kochen und in 4 Teile schneiden.

Auf jedem Keks kommt 1 Stück Eigelb, 1 Scheibe Bacon und 1 Scheibe Käse.

Nährwerte p.P.: 490 Kalorien; 42g Fett; 6g Kohlenhydrate, davon 2g Zucker; 18g Eiweiß.

Salate

Spinatsalat mit Feta und Apfel

Zubereitungszeit: 10 Minuten. Ergibt 3 Portionen.

Eine Handvoll Spinatblätter (ca. 350g)

200g gekochtes Hähnchenfleisch, gewürfelt

½ rote Zwiebel, geschnitten

½ Apfel, in dünne Scheiben geschnitten

100g Feta, gewürfelt

4 EL Walnüsse, grob gehackt

3 EL hausgemachter Kräuterdressing (siehe Kap. „Dips und Dressings")

Alle Zutaten in einer großen Schüssel vermischen und gleich servieren.

Nährwerte p.P.: 487 Kalorien; 37g Fett; 12g Kohlenhydrate, davon 3,5g Zucker; 25,5 Eiweiß.

Paprika-Steak-Salat

Zubereitungszeit: 15 Minuten. Ergibt 1 Portion.

150g Steak

¼ rote Zwiebel, in dünne Scheiben geschnitten

1 rote Paprika, dünn geschnitten

1 EL Olivenöl

¼ Tasse Mozzarella, gerieben

2 Knoblauchzehen, zerdrückt

Eine Handvoll Salatblätter

2 TL Senf, mittelscharf

1 EL frischgepresster Zitronensaft

Salz

Steak nach Geschmack in einer Grillpfanne anbraten. Olivenöl, Knoblauch, Senf, Zitrone und etwas Salz zu einem Dressing verrühren. Zwiebel, Paprika und Salatblätter auf einem flachen Teller arrangieren, Steak auf das Salatbett legen und Dressing darüber träufeln.

Nährwerte p.P.: 436 Kalorien; 40g Fett; 5,5g Kohlenhydrate, davon 1,5g Zucker; 46g Eiweiß.

Rosenkohl-Salat

Zubereitungszeit: 5 Minuten. Ergibt 1 Portion.

120g Rosenkohl

2 EL Olivenöl

1 EL Walnuss, grob gehackt

1 EL frischgepresster Zitronensaft

Salz und Pfeffer

Alle Zutaten in eine mittelgroße Schüssel geben und gut vermischen.

p.P.: 351 Kalorien; 34g Fett; 10g Kohlenhydrate, davon 2g Zucker; 4g Eiweiß.

Der ultimative Ketosalat

Zubereitungszeit: 20 Minuten. Ergibt 2 Portionen.

Fleisch einer Avocado, in Scheiben geschnitten

4 Baconstreifen

2 Eier

80g geriebener Käse

120g gemischte Salatblätter

6 Oliven, entkernt, in Scheiben geschnitten

1 Knoblauchzehe, zerdrückt

4 EL frischer Kräuterdressing (siehe Kap. „Dips und Dressings")

Eier hart kochen, in Eiswasser abschrecken und schälen. Mit einem scharfen Messer in Scheiben schneiden und abkühlen lassen. Baconstreifen in einer Pfanne auf mittlerer Stufe anbraten, bis sie knusprig werden. In mundgerechte Stücke schneiden.

Alle Zutaten in 2 Servierschüsseln legen: zunächst ein Salatbett auslegen, dann Avocado, Ei und Bacon. Mit Käse bestreuen und Dressing darüber träufeln.

Nährwerte p.P.: 340 Kalorien; 27g Fett; 4g Kohlenhydrate, davon 0g Zucker; 2g Eiweiß.

Lachs-Avocado-Salat

Zubereitungszeit: 3 Minuten. Ergibt 2 Portionen.

200g Räucherlachs

2 Avocados, gepellt und gewürfelt

2 EL natives Olivenöl extra

1 EL frischgepresster Zitronensaft

4 EL Frischkäse

Salz

Frischkäse, Olivenöl, Salz und Zitronensaft in einem Mixer vermengen. Lachs und Avocado in eine Schüssel geben und mit der Frischkäsemischung verfeinern. Kühl genießen.

Nährwerte p.P.: 549 Kalorien; 32,5g Fett; 13g Kohlenhydrate, davon 0g Zucker; 22g Eiweiß.

Thunfischsalat

Zubereitungszeit: 5 Minuten. Ergibt 2 Portionen.

100g Salatblätter nach Wahl

1 Tomate, gewürfelt

10 Oliven

½ Avocado, gewürfelt

1 kleine Zucchini, in dünnen Streifen geschnitten

1 Frühlingszwiebel, geschnitten

1 Dose Thunfisch in eigenem Saft, abgetropft

2 EL frische Petersilie, fein gehackt

2 EL frische Minze, fein gehackt

1 EL natives Olivenöl extra

1 EL frischgepresster Zitronensaft

Salz und Pfeffer

Zucchini in einer Pfanne mit Olivenöl auf mittlerer Stufe kurz anbraten und dann abkühlen lassen. Zucchini und alle Zutaten in einer großen Salatschüssel vermengen. Auf zwei Tellern servieren.

Nährwerte p.P.: 340 Kalorien; 23g Fett; 9g Kohlenhydrate, davon 3g Zucker; 21,5g Eiweiß.

Ketosalat mit Hähnchenbrust

Zubereitungszeit: 5 Minuten. Ergibt 1 Portion.

100g Hähnchenbrust, gekocht und gewürfelt

Eine handvoll Salatblätter

2 EL Parmesan, gerieben

2 Halme Schnittlauch, geschnitten

½ Tomate, mittelgroß, in Würfel geschnitten

1 EL Kräuterdressing (siehe Kap. „Dips und Dressings")

Alle Zutaten in einer großen Schüssel vermengen.

Nährwerte p.P.: 380 Kalorien; 10g Fett; 6g Kohlenhydrate, davon 1g Zucker; 36g Eiweiß.

Salat mit ofengebackenem Avocado

Fertig in 25 Minuten. Ergibt 1 Portion.

60g Salatblätter

1 Avocado

1 Scheibe Schinken, gewürfelt

2 EL Frischkäse

1 EL geriebener Käse

1 TL Rosmarin

2 EL Kräuterdressing (siehe Kap. Dips und Dressings")

Prise Salz

Ofen auf 170°C vorheizen und ein Backblech oder Ofengitter mit Backpapier auslegen. Avocado in zwei Hälften schneiden und entkernen. Avocadoschalen nicht entfernen. Avocadohälften auf das Backpapier legen.

Schinken, Rosmarin und Frischkäse vermengen und in die Öffnung der Avocadohälften geben. Käse über Frischkäsefüllung streuen und das freiliegende

Avocadofleisch salzen. In den Ofen schieben und 20 Minuten backen.

Ein Salatbett auf einem flachen Teller auslegen, Avocadohälften darüberlegen und mit Dressing beträufeln.

Nährwerte p.P.: 302 Kalorien; 29g Fett; 11g Kohlenhydrate, davon 1g Zucker; 10g Eiweiß.

Gorgonzola-Oliven-Salat

Zubereitungszeit: 3 Minuten. Ergibt 4 Portionen.

8 Tassen gemischte Salatblätter

4 hartgekochte Eier, gepellt und in Scheiben geschnitten

4 EL Oliven, geschnitten

100g Gorgonzola, gewürfelt

3 EL Olivenöl

4 EL Kräuterdressing (siehe Kap. „Dips und Dressings")

Salz und Pfeffer

Alle Zutaten in einer großen Schüssel vermischen und mitSalz und Pfeffer abschmecken. In vier Portionen aufteilen.

Nährwerte p.P.: 370 Kalorien; 33g Fett; 4g Kohlenhydrate, davon 0g Zucker; 13g Eiweiß.

Halloumi-Salat mit Erdbeeren

Zubereitungszeit: 15 Minuten. Ergibt 2 Portionen.

1 Packung Halloumi (225g)

5 Erdbeeren, in Scheiben geschnitten

½ Gurke, in Scheiben geschnitten

1 Knoblauchzehe, zerdrückt

2 EL natives Olivenöl extra

Eine handvoll Eisbergsalat-Blätter

Saft einer Limette

1 TL frische Minze, fein gehackt

1 TL frisches Basilikum, fein gehackt

Eine Grillpfanne (oder auch herkömmliche Pfanne) mit etwas Öl oder Ghee einfetten und auf mittlerer Stufe vorheizen. Halloumi in 2cm dicke Scheiben schneiden und auf jeder Seite circa 2-3 Minuten garen.

Salatblätter waschen, abtupfen und auf zwei Teller legen, dazu Erdbeeren und Gurken anrichten. Kräuter mit Olivenöl und Limettensaft vermischen, so dass sich die Aromen im Öl entfalten. Halloumi auf dem

Salatbett verteilen und mit Kräuter-Olivenöl beträufeln.

Nährwerte p.P.: 500 Kalorien; 42g Fett; 9g Kohlenhydrate, davon 4,5g Zucker; 28g Eiweiß.

Süßer Spinatsalat mit karamellisierten Schalotten

Zubereitungszeit: 20 Minuten. Ergibt 2 Portionen.

450g Spinatblätter

1 große Zwiebel, geschnitten

2 Schalotten, geschnitten

200g Bacon, geschnitten

2 EL Parmesan gerieben

2 EL Butter, flüssig

Butter in eine große Pfanne geben und auf niedriger Stufe anheizen. Zwiebel und Schalotten dazugeben und mit Bacon sautieren. Nach etwa 15 Minuten sind die Zwiebeln und Schalotten karamellisiert. Spinat dazugeben und auf mittlerer Stufe gut vermischen. Pfanne abdecken und 5 Minuten quellen lassen. Auf zwei Tellern servieren und mit Parmesan bestreuen.

Nährwerte p.P.: 240 Kalorien; 13g Fett; 21g Kohlenhydrate, davon 6g Zucker; 11g Eiweiß.

Fingerfoods und Snacks

Käse-Schinken-Röllchen

Zubereitungszeit: 5 Minuten. Ergibt 10 Portionen.

20 Scheiben Schinken

20 Scheiben Käse nach Wahl

20 Oliven, entkernt

1 Packung Kräuterfrischkäse

Jede Scheibe Schinken mit 2 TL Frischkäse beschmieren. Auf die Hälfte der Scheibe Schinken jeweils eine Scheibe Käse platzieren und zusammenrollen. Eine Olive mit einem Zahnstocher in der Mitte befestigen.

Nährwerte p.P.: 420 Kalorien; 29g Fett; 4g Kohlenhydrate, davon 1,5g Zucker; 32g Eiweiß.

Panierte Blumenkohlröschen

Zubereitungszeit: 20 Minuten. Ergibt 2 Portionen.

½ Blumenkohlkopf (ca. 280g)

½ Tasse Mandelmehl

1 Ei

¼ Tasse Parmesan, gerieben

½ TL Knoblauchpulver

Öl

Alle trockenen Zutaten (Mandelmehl, Knoblauchpulver, Parmesan) in einer Schüssel gut vermischen. Ei in einer separaten Schüssel verquirlen. Röschen einzeln ins Ei tunken und dann in der Mehlmischung wälzen, dabei gut ummanteln. Röschen in eine Pfanne mit erhitztem Öl geben und knusprig goldbraun anbraten, etwa 5 Minuten. Blumenkohl vor dem Servieren auf einem Küchentuch abtropfen lassen (vom Öl).

Nährwerte p.P.: 260 Kalorien; 8g Fett; 6g Kohlenhydrate, davon 3g Zucker; 10g Eiweiß.

Pizza-Kugeln

Zubereitungszeit: 10 Minuten. Ergibt 6 Portionen.

50g frischer Mozzarella

50g Frischkäse

1 EL Tomaten, passiert

1 EL Olivenöl

6-8 Oliven, entkernt

12 frische Basilikumblätter

Alle Zutaten (außer Basilikum) in eine Küchenmaschine geben und zu einer cremigen Paste verarbeiten. Mithilfe eines Löffels die Mischung schöpfen und sechs Kugeln daraus formen. Ein Basilikumblatt unter und eines auf jeder Kugel platzieren und mit einem Zahnstocher durchstechen zur Befestigung.

Nährwerte p.P.: 82 Kalorien; 8g Fett; 1g Kohlenhydrate; 3g Eiweiß.

Ketogene Cheddar-Chips

Zubereitungszeit: 10 Minuten. Ergibt 4 Portionen.

400g Cheddar, gerieben

Salz

Ofen auf 180°C vorheizen und ein Backblech mit Backpapier auslegen. Cheddar auf das Papier gleichmäßig streuen und mit Salz würzen. Blech in den Ofen schieben und circa 5 Minuten backen, so dass der Käse braun und knusprig wird, jedoch nicht anbrennen lassen. Blech aus dem Ofen nehmen und mit einem Pizzaschneider den Käse durchschneiden. Am besten mit einem Dip servieren.

Alternativ auch Paprikapulver, Knoblauchpulver oder Currypulver zum Cheddar dazu mischen, bevor er in den Ofen kommt.

Nährwerte p.P.: 457 Kalorien; 38g Fett; 28g Eiweiß; 1g Kohlenhydrate.

Oliven-Salami-Häppchen

Zubereitungszeit: 5 Minuten. Ergibt 6 Portionen.

12 Oliven, entkernt

170g Frischkäse

6 mittelgroße Scheiben Salami (ohne Zusatzstoffe)

Oliven und Frischkäse in einer Küchenmaschine zu einer Paste vermischen. Mit einem Löffel schöpfen und die Kugel auf eine Salamischeibe legen. Salami zusammenrollen und mit einem Zahnstocher befestigen.

Nährwerte p.P.: 143 Kalorien; 13g Fett; 1,5g Kohlenhydrate, davon 1g Zucker; 3,5g Eiweiß.

Lachs-Mascarpone-Bällchen

Zubereitungszeit: 5 Minuten. Ergibt 8 Portionen.

100g geräucherte Lachsfilets

100g Mascarpone

1 Halm Schnittlauch, geschnitten

4 EL Chia-Samen

Lachsfilets, Schnittlauch und Mascarpone in einer Küchenmaschine zu einer homogenen Paste verarbeiten. Mischung zu acht Bällchen formen und in den Chia-Samen wälzen. Kühl servieren.

Nährwerte p.P.: 97 Kalorien; 8g Fett; 3g Kohlenhydrate, davon 0g Zucker; 4g Eiweiß.

Mozzarella-Sticks

Zubereitungszeit: 15 Minuten (+ 1 Stunde tiefkühlen).
Ergibt 4 Portionen.

300g Mozzarella am Stück

1 Tasse Mandelmehl

4 EL Parmesan, gerieben

Pfeffer

2 Eier

Kräutersalz

Öl zum Frittieren

Ein Backpapier auf einem Küchenbrett oder einem flachen Teller auslegen. Trockene Zutaten (Mandelmehl, Kräutersalz, Pfeffer, geriebener Parmesan) in einer Schüssel gut vermischen. Eier in einer separaten Schüssel schlagen und gut verquirlen. Mozzarella in lange Sticks schneiden, etwa 2 cm dick. Sticks einzeln in die Eimischung tunken und dann in der Trockenmischung wälzen, sodass die Panade die Sticks gleichmäßig bedeckt. Mozzarella-Sticks im Tiefkühlfach für circa 1 Stunde ruhen lassen.

Nach einer Stundeeine Pfanne mit Frittieröl auf mittlerer Stufe vorheizen. Mozzarella-Sticks 2 - 3 Minuten darin frittieren. In einem Küchentuch abtropfen lassen.

Alternativ die Mozzarella-Sticks im Ofen bei 180°C 7 - 8 Minuten knusprig backen. Dafür ist das Einfrieren der Sticks nicht zwingend nötig.

Nährwerte p.P.: 430 Kalorien; 36g Fett; 29g Eiweiß; 2,5g Kohlenhydrate.

Thunfisch-Aufstrich

Zubereitungszeit: 5 Minuten. Ergibt 3 Portionen.

1 Dose Thunfisch in eigenem Saft (170g)

2 mittelgroße saure Gurke, zuckerfrei

3 EL Mayonnaise

Thunfisch abtropfen lassen. Gurke in kleine Würfel schneiden. Alle Zutaten zu einer Paste verrühren. Empfehlung: auf Wolkenbrot servieren.

Nährwerte p.P.: 166 Kalorien; 12g Fett; 13g Eiweiß; weniger als 1g Kohlenhydrate.

Gefüllte Eier mit frischen Kräutern

Zubereitungszeit: 40 Minuten. Ergibt 6 Portionen.

12 Eier

6 EL zuckerfreie Mayonnaise

1 EL frische Kräuter nach Wahl, gestrichen (Rosmarin, Dill, Basilikum, Petersilie)

1 TL Salz, gestrichen

Eier in einem großen Topf hart kochen. Eine große Schüssel mit Eiswasser vorbereiten und

Eier darin abschrecken, so dass sie sich leichter schälen lassen. Eier jeweils der Länge nach in zwei Hälften schneiden. Dazu eignet sich ein scharfes Messer, damit die Eier nicht zerbröseln.

Eidotter mit einem Teelöffel vorsichtig entfernen und in einer Schüssel sammeln. Kräuter nach Wahl klein hacken und zu den Eidottern geben, dazu zuckerfreie Mayonnaise und Salz. Mit einer Gabel die Eidotter zu einer homogenen Paste zerdrücken. Jeweils einen gehäuften Teelöffel schöpfen und in die Mitte des Eiweißes platzieren. Gefüllte Eier auf einem flachen Teller arrangieren. Kühl lagern und innerhalb von zwei Tagen verzehren.

Nährwerte p.P.: 248 Kalorien; 20g Fett; 12g Eiweiß; 3g Kohlenhydrate, davon 0g Zucker.

Ofengebackene Zwiebelringe mit Thymian

Zubereitungszeit: 30 Minuten. Ergibt 4 Portionen.

2 große, weiße Zwiebeln

1 Tasse Mandelmehl

2 Eier

4 EL Parmesan, gerieben

½ TL Thymian, frisch und fein gehackt

½ TL Knoblauchpulver

Salz und Pfeffer

Ofen auf 190°C vorheizen und ein Backblech mit Backpapier auslegen. Zwiebeln schälen, waschen und in Ringe schneiden. Trockene Zutaten (Mandelmehl, Thymian, Parmesan, Salz und Pfeffer) in einer Schüssel vermischen. Eier in einer separaten Schüssel schlagen und gut verquirlen. Zwiebelringe in die Eimischung tunken und dann in die Mehlmischung wälzen, sodass die Panade die Zwiebeln gleichförmig ummantelt. Zwiebelringe auf das Backblech legen, in den Ofen schieben und 15-20 Minuten goldbraun backen. Mit einem Dip servieren.

Nährwerte p.P.: 110 Kalorien; 4g Fett; 5,9g Eiweiß; 10g Kohlenhydrate, davon 3g Zucker.

Keto-Nutella

Zubereitungszeit: 15 Minuten. Ergibt 20 Portionen.

300g Haselnüsse
50g (ca. 10 EL) Kakaopulver
2 EL Kokosöl
Tropfen Stevia
Vanilleessenz, ungesüßt

Ungeschälte Haselnüsse in einer Pfanne rösten, sodass sie goldbraun werden und bittersüß duften. Schale entfernen und Kerne im Mixer zerhacken, bis eine cremige Masse entsteht. Kakaopulver, Vanilleessenz und ein paar Tropfen Stevia dazugeben und verrühren. Kokosöl dazu gießen und homogenisieren.Nutella in einen Behälter mit Deckel übertragen und im Kühlschrank aufbewahren.

Serviervorschlag: als Aufstrich mit Kürbisbrot.

Hinweis: Nutella möglichst sparsam konsumieren, da Haselnüsse reich an Kohlenhydraten sind (1 Portion = ca. 1 EL, gestrichen).

Nährwerte p.P.: 122 Kalorien; 5,5g Fett; 4g Kohlenhydrate, davon 1g Zucker; 3g Eiweiß.

Hauptgerichte

Pizza auf Blumenkohlbasis

Zubereitungszeit: 50 Minuten. Ergibt 1 Portion.

200g Blumenkohl

1 Ei

½ TL Oregano

1 EL Parmesan

50g Mozzarella

3 Baconstreifen

1 EL passierteTomaten

Ofen auf 180°C vorheizen und ein Backblech mit Backpapier auslegen. Blumenkohl in mittelgroße Stücke schneiden, waschen und in den Mixer geben. Wasser in einem Topf aufkochen und Blumenkohl darin acht Minuten quellen lassen. Durch einen feinen

Sieb abtropfen und abkühlen lassen. In ein Mulltuch legen und sorgfältig auswringen.

Ei verquirlen. Blumenkohl in eine Schüssel geben und mit Ei, Parmesan, Oregano, Salz und Pfeffer vermischen. Aus dem Teig eine runde, dünne Scheibe formen. Blech in den Ofen schieben und 25 Minuten backen.

Passierte Tomaten mit 1 EL warmem Wasser vermischen und als Soße auf den Pizzateig verteilen. Alternativ eignet sich hausgemachter Ketchup dazu (siehe Kap. „Dips und Dressings"). Mozzarella und Bacon dazugeben und für weitere 10 Minuten im Ofen backen, bis der Mozzarella schmilzt und der Bacon knusprig wird.

Nährwerte p.P.: 400 Kalorien; 30g Fett; 11g Kohlenhydrate, davon 3g Zucker; 30g Eiweiß.

Pizza auf Käsebasis

Zubereitungszeit: 20 Minuten. Ergibt 2 Portionen.

2 Tassen geriebener Mozzarella

Parmesan, gerieben

½ Tasse Tomatensoße oder 4 EL hausgemachter Ketchup

1 TL Knoblauchpulver

1 TL Pizza-Gewürz

Ofen auf 200°C vorheizen und ein Backblech mit Backpapier auslegen. Mozzarella auf das Backpapier in einer Kreisform arrangieren, so dass es keine Löcher gibt. Mit Knoblauchpulver und einer Prise Pizza-Gewürz bestreuen und in den Ofen schieben. 12 bis 25 Minuten backen, bis der Mozzarella schmilzt und an den Rändern braun wird. Aus dem Ofen nehmenund einige Minuten abkühlen lassen.

Tomatensoße auf die Pizza schmieren, mit Parmesan und der restlichen Menge Pizza-Gewürz bestreuen. Weitere zwei Minuten im Ofen backen. Aus dem Ofen nehmen, mit einem Pizzaschneider portionieren unddirekt servieren.

Nährwerte p.P.: 324 Kalorien; 20g Fett; 4g Kohlenhydrate, davon 1g Zucker; 33g Eiweiß.

Pizza auf Fleischbasis

Zubereitungszeit: 30 Minuten. Ergibt 4 Portionen.

450g Hackfleisch vom Rind

15 Scheiben Peperoni

¼ Tasse Parmesan, gerieben

½ Tasse geriebener Käse

1 Ei

1 TL getrocknete Frühlingszwiebeln

½ TL Knoblauchpulver

4 EL hausgemachter Ketchup (siehe Kap. „Dips und Dressings")

1 TL Oregano

½ TL Salz

½ TL Pfeffer

Ofen auf 190° C vorheizen und eine runde Backform einfetten. Hackfleisch, Ei, Parmesan, getrocknete Frühlingszwiebeln, Knoblauchpulver, Oregano, Salz und Pfeffer in einer großen Schüssel vermischen. Mischung in der Backform platzieren und zu einem

Pizzateig formen. Im Ofen 20 Minuten backen, bis das Fleisch nicht mehr roh ist und aus dem Ofen nehmen.

Ketchup auf der Pizzafläche verteilen und mit geriebenem Käse und Peperonis versehen. Weitere 5 Minuten im Ofen backen, bis der Käse geschmolzen ist.

Nährwerte p.P.: 584 Kalorien; 44g Fett; 2,5g Kohlenhydrate; 48g Eiweiß.

Low-Carb Burger

Zubereitungszeit: 12 Minuten (+30 Minuten für das Wolkenbrot oder 2 Minuten für ketogenes Brötchen). Ergibt 2 Portionen.

250g Hackfleisch vom Rind

4 Wolkenbrote mit Sesam (siehe Kap. „Frühstück")

2 Zwiebelringe

2 Scheiben Käse vom Stück (Sandwichscheiben könnten Zucker enthalten)

2 EL Frischkäse

2 Tomatenscheiben

2 Salatblätter

Salz und Pfeffer

Hackfleisch mit Salz und Pfeffer in einer Schüssel vermengen und zu zwei runden Fladen verarbeiten. Eine Pfanne mit etwas Olivenöl auf mittlerer Stufe vorheizen und das Fleisch etwa vier Minuten auf jeder Seite anbraten.

2 Wolkenbrote oder ketogene Brötchenscheiben auf ein Küchenbrett legen. Auf jedem Brot wie folgt auflegen: Salatblatt, Frischkäse, Burger, Käse, Zwiebel

und Tomate. Die restlichen zwei Wolkenbrote darüber legen.

Nährwerte p.P.: 387 Kalorien; 25g Fett; 4g Kohlenhydrate, davon 0g Zucker; 36g Eiweiß.

Überbackene Käse-„Nudeln" mit Speck

Zubereitungszeit: 30 Minuten. Ergibt 6 Portionen.

750g Blumenkohlröschen (~1 Kopf)

3 EL Frischkäse

200ml Kochsahne

250g geriebener Käse

½ TL Knoblauchpulver

75g Speckwürfel

Salz und Pfeffer

Ofen auf 180°C vorheizen und eine Auflaufform vorbereiten. Blumenkohlröschen unter Dampf zart quellen oder im Wasser fünf Minuten kochen lassen. Im letzteren Fall, Blumenkohl nachher in einem Mulltuch wringen.

Frischkäse in einer Pfanne bei mittlerer Stufe zergehen lassen. Kochsahne dazugeben und verrühren. 200g geriebenen Käse, Salz, Pfeffer und Knoblauchpulver hinzufügen. Sobald der Käse geschmolzen ist, vom Herd entfernen. Den abgetropften Blumenkohl in die Auflaufform legen und die Käsesoße darüber schütten. Mit Speckwürfeln bestreuen, gefolgt vom restlichen geriebenen Käse. Im Ofen circa 20 Minuten backen, bis eine goldbraune Kruste entsteht.

Nährwerte p.P.: 345 Kalorien; 28g Fett; 7,6g Kohlenhydrate, davon 2,5g Zucker; 15,5g Eiweiß.

Rumänische Eikern-Terrine mit frischen Kräutern

Zubereitungszeit: 60 Minuten. Ergibt 8 Portionen.

1,5 kg Hackfleischmischung (vom Rind oder Rind mit Schwein)

400g Leber vom Rind

1 EL frischer Dill

1 EL frische Petersilie

2 Zwiebeln, mittelgroß

5 Eier

Paprikapulver

Salz und Pfeffer

Ofen auf 180°C vorheizen. Zwiebeln putzen und klein schneiden. Leber in Stücke schneiden und zusammen mit den Zwiebeln in einer Pfanne bis zu 10 Minuten mit etwas Öl anbraten. Bei Messerprobe soll das größte Leberstück in der Mitte gar sein. Leber vom Herd nehmen und abkühlen lassen. Nochmals in kleinere Stücke schneiden und mit einer Gabel zu einer Paste zerdrücken.

3 Eier hart kochen, in eiskaltem Wasser abschrecken und schälen.

Hackfleisch mit den übrigen 2 Eiern, Kräutern, Paprikapulver, Salz und Pfeffer in einer großen Schüssel gut vermischen. Die abgekühlte Leberpaste dazugeben und verrühren.

Eine Königskuchenform einfetten und mit etwas Mandelmehl einstreuen. Zum Abschmeckeneine kleine Menge Hackfleisch in einer Pfanne anbraten (nicht roh abschmecken). Ein Drittel der Hackfleischmischung am Boden der Form auslegen. Die drei hartgekochten Eier auf der Mischung platzieren, mindestens 5 cm voneinander entfernt. Die restliche Hackfleischmischung dazugeben sodass sich die Eier schließlich in der Mitte der Terrine befinden. Fleisch an der Oberfläche glätten und in den Ofen schieben. Terrine 35 Minuten backen oder bis eine braune Kruste entsteht.

Nährwerte p.P. (250g): 657 Kalorien; 37,5g Fett; 3,7g Kohlenhydrate, davon 1,5g Zucker; 68g Eiweiß.

Rote Paprika mit Chorizo-Füllung

Zubereitungszeit: 35 Minuten. Ergibt 4 Portionen.

4 rote Paprikaschoten, entkernt

1 Zwiebel, geschnitten

1 Tasse geriebener Käse

1 EL Olivenöl

450g Chorizo, gewürfelt

½ TL Kümmel

½ TL Paprikapulver

2 EL frischer Koriander, gehackt

½ TL Pfeffer

Ofen auf 200°C vorheizen. Ein Backblech oder Ofengitter mit Backpapier auslegen. Paprikaschoten auf das Backpapier aufrecht stellen, mit der Öffnung nach oben.

Olivenöl in einer Pfanne auf mittlerer Stufe vorheizen. Zwiebeln glasig andünsten. Chorizo und Gewürze dazugeben und anbraten, bis das Fleisch gar ist. Koriander dazugeben und kurz verrühren.

Mischung in vier Portionen aufteilen und in die Paprikaschoten füllen. Mit geriebenem Käse füllen, in den Backofen schieben und 20 Minuten backen.

Nährwerte p.P.: 702 Kalorien; 57g Fett; 11g Kohlenhydrate, davon 3,5 Zucker; 36g Eiweiß.

Ummantelte Hähnchenbrustfilets mit Spinatfüllung

Zubereitungszeit: 30 Minuten. Ergibt 2 Portionen.

2 große Hähnchenbrustfilets, im Schmetterlingsschnitt

Eine handvoll Spinatblätter, geschnitten

1 EL Olivenöl

1 EL Knoblauch, zerdrückt

100g Gouda im Stück, gewürfelt

4 EL Parmesan, gerieben

4 große Scheiben Prosciutto

Ofen auf 190°C vorheizen und eine Auflaufform mit Olivenöl einfetten.

Spinat, Knoblauch, Gouda und Parmesan in einer Schüssel vermischen und unter den zwei Hähnchenbrustfilets aufteilen. Filets schließen und jeweils in zwei Scheiben Prosciutto einwickeln.

Hähnchenbrustfilets in eine Auflaufform legen und im Ofen 20 Minuten backen. Heiß servieren.

Nährwerte p.P.: 549 Kalorien; 31g Fett; 3g Kohlenhydrate, davon 0g Zucker; 63g Eiweiß.

Fleischbällchen aus Hähnchen und Parmesan

Zubereitungszeit: 40 Minuten. Ergibt 4 Portionen.

450g Hackfleisch vom Huhn

1 Ei, leicht verquirlt

¾ Tasse Mozzarella, gerieben

1 Tasse Parmesan, gerieben

8 Scheiben Provolone, in Streifen geschnitten

4 EL Frischkäse, bei Zimmertemperatur

3 Knoblauchzehen, zerdrückt

1 TL Zwiebelpulver

2 EL Wasser

½ TL Italienische Kräuter

Salz und Pfeffer

Ofen auf 200°C vorheizen. Alle Zutaten (außer den Provolonestreifen) in einer großen Schüssel gründlich durchmischen, dafür am besten die Hände verwenden. Hände waschen und mit angefeuchteten Handflächen circa 20 Fleischbällchen formen. Bällchen auf ein Blech mit Backpapier legen und im Ofen für circa 20 Minuten backen.

Aus dem Ofen nehmen, Provolonestreifen auf die Fleischbällchen legen und weitere 3 Minuten im Ofen überbacken, bis der Käse Blasen entwickelt. Heiß servieren.

Nährwerte p.P.: 508 Kalorien; 31g Fett; 3g Kohlenhydrate, davon 1g Zucker; 53g Eiweiß.

Gegrillter Lachs mit Zitrone und Kapern

Zubereitungszeit: 15 Minuten. Ergibt 4 Portionen.

4 Wildlachsfilets

4 EL Olivenöl

½ Zitrone, in Scheiben geschnitten

1 TL Rosmarin

2 TL Kapern

Saft einer Zitrone

Lachsfilets mit Rosmarin und Olivenöl bestreuen. Filets einzeln auf ein Stück Alufolie legen. Auf jedem Filet jeweils zwei Scheiben Zitrone undKapern arrangieren und mit Zitronensaft beträufeln. In Alufolie verpacken.

Eine Grillpfanne vorheizen. Alupäckchen hineinlegen und jeweils fünf Minuten auf jeder Seite anbraten lassen. Auf einem Salatbett servieren.

Nährwerte p.P.: 587 Kalorien; 41g Fett; 0g Kohlenhydrate; 50g Eiweiß.

Marokkanische Fleischbällchen

Zubereitungszeit: 20 Minuten. Ergibt 4 Portionen.

450g Hackfleisch vom Lamm, gemischt oder 100%

1 Ei

1 EL frischer Koriander, fein gehackt

1 EL frische Minze, fein gehackt

2 TL frischer Thymian

2 Knoblauchzehen, zerdrückt

1 TL Korianderpulver

1 TL Kümmelpulver

½ TL Zwiebelpulver

¼ TL Paprika

¼ TL Oregano

1 TL Salz, gestrichen

¼ TL Pfeffer

Ofen auf 180°C vorheizen und ein Backblech mit Backpapier auslegen. Alle Zutaten in einer Schüssel vermischen, dabei am besten die Hände benutzen. Hände waschen und mit angefeuchteten Handflächen

Fleischbällchen formen. Auf das Backpapier legen und im Ofen circa 15 Minuten backen. Bei einer Stichprobe sollten die Fleischbällchen in der Mitte gar sein.

Mit einer Sahnesoße heiß servieren oder mit einem Mayonnaisedip kalt servieren (da hausgemachte Mayonnaise rohes Ei enthält).

Nährwerte p.P.: 350 Kalorien; 26g Fett; 0g Kohlenhydrate; 29g Eiweiß.

Dips und Dressings

Mayonnaise

Zubereitungszeit: 10 Minuten. Ergibt 6 Portionen.

1 Eigelb

½ Tasse Olivenöl

1 mittelscharfer Senf

2 EL frischgepresster Zitronensaft

Prise Salz

Eigelb, Senf, 1 EL Zitronensaft und Salz mit einem Mixer vermengen. Olivenöl in dünnen Strahlen darüber tröpfeln. Wenn die Mayonnaise steif wird, ist sie fertig. Bei Bedarf mit dem 2. EL Zitronensaft verdünnen. Gleich servieren oder bis zu zwei Tage im Kühlschrank aufbewahren.

Nährwerte p.P.: 140 Kalorien; 17g Fett; 0g Kohlenhydrate; 1g Eiweiß.

Frischer Dilldip

Zubereitungszeit: 5 Minuten. Ergibt 8 Portionen.

1 Tasse saure Sahne

½ Tasse hausgemachte Mayonnaise (siehe oben)

2 EL frischer Dill, fein gehackt

1 TL Salz

Alle Zutaten gut vermischen und mit Salz abschmecken. Bis zu zwei Tage im Kühlschrank aufbewahren.

Nährwerte p.P (2 EL).: 152 Kalorien; 20g Fett; weniger als 1g Kohlenhydrate; 1g Eiweiß.

Rosmarin-Aioli

Zubereitungszeit: 1 Minute (+ 10 Minuten für Mayonnaise). Ergibt 6 Portionen.

Hausgemachte Mayonnaise (siehe Rezept oben)

1 TL frischer Rosmarin, fein geschnitten

1 EL frischgepresster Zitronensaft

1 Knoblauchzehe, zerdrückt

Salz

Alle Zutaten in einer kleinen Schüssel vermischen. Achtung: bei hausgemachter Mayonnaise nur in eine Richtung drehen, damit die Mayonnaise nicht gerinnt. Mit Salz abschmecken.

Nährwerte p.P.: 140 Kalorien; 17g Fett; 0g Kohlenhydrate; 1g Eiweiß.

Basis für Kräuterdressing

Zubereitungszeit: 1 Minute. Ergibt 10 Portionen.

Hausgemachte Mayonnaise aus 1 Eigelb (siehe oben)

½ Tasse saure Sahne

½ TL Essig

2 EL frischer Dill, fein gehackt

4 EL frische Petersilie, fein gehackt

1 TL getrocknete Frühlingszwiebeln

¼ TL Knoblauchpulver

¼ TL Salz

¼ Pfeffer

Alle Zutaten gut vermischen. In einem abgedeckten Behälter gekühlt aufbewahren.

Nährwerte p.P.: 110 Kalorien; 11,5g Fett; weniger als 1g Kohlenhydrate; weniger als 1g Eiweiß.

Basis für Sahnesoße

Zubereitungszeit: 2 Minuten. Ergibt 6 Portionen.

50g Creme Fraiche

4 EL Kochsahne

2 EL frischgepresster Zitronensaft

Frische Kräuter nach Wahl, fein gehackt

Halbe Knoblauchzehe, zerdrückt (optional)

Alle Zutaten in einer kleinen Schüssel vermischen. Bis zu dreiTage im Kühlschrank aufbewahren.

Nährwerte p.P.: 54 Kalorien; 5g Fett; weniger als 1g Kohlenhydrate; weniger als 1g Eiweiß.

Frische Kräuterbutter

Zubereitungszeit: 3 Minuten (+1 Stunde kühlen). Ergibt 8 Portionen.

100g Butter, gesalzen, bei Zimmertemperatur

2 EL Kräuter nach Wahl (am besten Thymian, Dill, Rosmarin)

2 Knoblauchzehen, geputzt

1 EL Zitronensaft

1 TL Zitronenschale

Alle Zutaten in einen Mixer geben und gut vermischen. Butter auf ein Wachspapier geben, zusammenrollen und im Kühlschrank aufbewahren. Alternativ in eine leere Butter- oder Margarinedose geben und im Kühlschrank aufbewahren. Bis zu drei Monate haltbar.

Nährwerte p.P.: 104 Kalorien; 11g Fett; 1g Kohlenhydrate, davon 0g Zucker; 0g Eiweiß.

Hausgemachter Ketchup

Zubereitungszeit: 20 Minuten. Ergibt 15 Portionen.

1 EL Olivenöl

1 Tasse Tomaten, passiert

1 weiße Zwiebel

¼ Tasse Apfelessig

2 EL Wasser

Prise Zimt

2 Knoblauchzehen, zerdrückt

Prise Kardamom

Prise Pfeffer

Prise Sternanis

Prise Gewürznelken

¼ TL Salz

Olivenöl in einer Pfanne auf mittlerer Stufe vorheizen und Zwiebel darin goldbraun anbraten, etwa 5 Minuten. Alle Zutaten dazugeben und gut verrühren. Ketchup 10 Minuten köcheln lassen. Ketchup vom Herd entfernen und abkühlen lassen, danach in einen

Mixer gießen und fein pürieren. In einem sterilen Glas mit Deckel im Kühlschrank aufbewahren.

Nährwerte p.P. (1 EL): 13 Kalorien; 1g Fett; 1g Kohlenhydrate,, davon weniger als 1g Zucker; 0g Eiweiß.

Guacamole

Zubereitungszeit: 10 Minuten. Ergibt 10 Portionen.

2 Avocados, geschält und gewürfelt

2 EL frischer Koriander, fein gehackt

¼ weiße Zwiebel, klein geschnitten

1 Tomate, gewürfelt

1 EL frischgepresster Zitronensaft

2 Knoblauchzehen, zerdrückt

¼ TL Salz

Alle Zutaten in einer Schüssel gut zerdrücken und vermischen, bis eine homogene Paste entsteht. Mit Zitronensaft und Salz abschmecken. Gleich servieren oder bei Bedarf die Oberfläche der Guacamole mit einer Schicht Olivenöl siegeln, um Oxidation zu verhindern. Mit Folie abdecken und im Kühlschrank aufbewahren.

Nährwerte p.P. (ohne Olivenölschicht): 86 Kalorien; 8g Fett; 4g Kohlenhydrate, davon weniger als 1g Zucker; 1g Eiweiß.

Minze-Avocado-Dip

Zubereitungszeit: 5 Minuten.

Ergibt 6 Portionen.

1 Avocado, geschält und gewürfelt

¼ Tasse Schlagsahne

½ TL frische Minze, fein gehackt

1 TL frischgepresster Zitronensaft

Prise Salz

Alle Zutaten mit einem Handmixer in einer Schüssel pürieren.

Nährwerte p.P.: 87 Kalorien; 8g Fett; 2,5g Kohlenhydrate; weniger als 1g Eiweiß.

Hausgemachter Pesto

Zubereitungszeit: 10 Minuten. Ergibt 15 Portionen.

2 Handvoll frischer Basilikum

5 EL Walnuss, gehackt

4 EL Parmesan, gerieben

150ml natives Olivenöl

1 TL frischgepresster Zitronensaft

½ TL Salz

Basilikum, Walnuss, Salz und Zitronensaft in einem Mixer vermengen. Parmesan dazugeben und vermengen. Während dem Mischenlangsam Olivenöl darüber tröpfeln. In einem sauberen Glas mit Deckel im Kühlschrank bis zu zwei Wochen aufbewahren.

Nährwerte p.P.: 103 Kalorien; 2,6g Fett; weniger als 1g Kohlenhydrate; weniger als 1g Eiweiß.

Griechischer Dressing

Zubereitungszeit: 5 Minuten (+über Nacht ziehen lassen). Ergibt 4 Portionen.

60ml natives Olivenöl extra

Saft einer Zitrone

2 Knoblauchzehen, geputzt

2 EL Branntweinessig

1 EL frischer Oregano, klein gehackt

1/8 TL Salz

Prise Pfeffer

Knoblauchzehen mit Salz einreiben, um die Aromen freizulassen. Knoblauchzehen in Öl eintauchen, restliche Zutaten dazugeben und verrühren. Über

Nacht im Kühlschrank ziehen lassen. Knoblauchzehen entfernen und das Öl mit einem Salat genießen.

Nährwerte p.P.: 65 Kalorien; 7g Fett; 2g Kohlenhydrate, davon 0g Zucker; 0g Eiweiß.

Getränke

Grüner Tee mit Schuss Kokos

Zubereitungszeit: 5 Minuten. Ergibt 1 Portion.

1 Teebeutel grüner Tee

1 EL Kokosöl

1 Tasse heißes Wasser

Teebeutel im heißen Wasser drei Minuten ziehen lassen. Tee in einen Mixer gießen, Kokosöl dazugeben und kurz vermischen. In die Tasse gießen und genießen.

Nährwerte p.P.: 121 Kalorien; 13g Fett; 0g Kohlenhydrate; 0g Eiweiß.

Butter-Zimt-Kaffee

Zubereitungszeit: 5 Minuten. Ergibt 1 Portion.

1 Tasse heißer Kaffee

1 EL Butter, ungesalzen

Prise Zimt

Alle Zutaten in einem Mixer gut vermischen. In einer Tasse servieren.

Nährwerte p.P.: 108 Kalorien; 12g Fett; 0g Kohlenhydrate; 0g Eiweiß.

Kokoskaffee

Zubereitungszeit: 2 Minuten. Ergibt 1 Portion.

1 Tasse heißer Kaffee

1 EL Kokosöl

1 Tropfen Stevia (optional)

Zutaten in einem Mixer vermischen. In einer Tasse servieren.

Nährwerte p.P.: 121 Kalorien; 13g Fett; 0g Kohlenhydrate; 0g Eiweiß.

Gewürzlatte mit Kürbis verfeinert

Zubereitungszeit: 10 Minuten. Ergibt 3 Portionen.

¼ Tasse Kürbis, püriert

2 Tassen kräftiger Kaffee

1 Tasse Kokosmilch

2 EL Schlagsahne

1 EL Butter, flüssig

5 Tropfen Vanilleessenz

¼ TL Zimt

Prise Anis

Prise Gewürznelken

3 Tropfen Stevia

Pürierter Kürbis, Kokosmilch und Butter in einem kleinen Topf aufkochen und fünfMinuten quellen lassen. Kaffee dazugeben und verrühren. Vom Herd nehmen, Sahne, Vanille und Stevia dazugeben und in einem Mixer vermischen. In drei Tassen gießen und heiß servieren.

Nährwerte p.P.: 236 Kalorien; 23g Fett; 3g Kohlenhydrate; 1,5g Eiweiß.

Cremige heiße Schokolade

Zubereitungszeit: 8 Minuten. Ergibt 2 Portionen.

1 Tasse Kochsahne

1 Tasse Wasser

3 EL Kakaopulver

½ TL Zimt

2 Tropfen Vanilleessenz

2 Tropfen Stevia

4 EL Schlagsahne, geschlagen (optional)

Alle Zutaten (außer Schlagsahne) in einem kleinen Topf vermischen und auf niedriger Stufe erhitzen. Nicht aufkochen lassen.

Topf vom Herd nehmen und heiße Schokolade in zwei Tassen gießen. Optional mit jeweils 2 EL Schlagsahne versehen.

Nährwerte p.P.: 538 Kalorien; 56g Fett; 17g Kohlenhydrate, davon 0g Zucker; 6g Eiweiß.

Himmlische weiße Schokolade

Zubereitungszeit: 5 Minuten. Ergibt 1 Portion.

½ Tasse Mandelmilch

½ Tasse Schlagsahne

5 Tropfen Vanilleessenz

2 EL Kakaobutter

1 TL Erythritol

1 EL Kokosöl

Prise Salz

Kokosmilch, Kakaobutter, Mandelmilch, Vanilleessenz, Salz und Erythritol in einenkleinen Topf geben und bei niedriger Hitze erwärmen, bis die Kakaobutter schmilzt. Bevor die Mischung aufkocht, vom Herd entfernen und in einen Mixer geben. Kokosöl und Schlagsahne dazugeben und 30 Sekunden vermengen. Heiß servieren.

Nährwerte p.P.: 536 Kalorien; 58g Fett; 6g Kohlenhydrate, davon 6g Zucker; 3g Eiweiß.

Grüner Power-Smoothie

Zubereitungszeit: 3 Minuten. Ergibt 4 Portionen.

2 Avocados, geschält und geschnitten

Eine Handvoll Spinatblätter

2 Limetten, geschält und entkernt

1 Tasse Kokosmilch

¾ Tasse griechischer Joghurt

Spinat, Avocados, Limetten, halbe Tasse Kokosmilch und halbe Tasse Joghurt in einem Mixer gut vermischen. Restliche Mengen dazugeben, bis die gewünschte Konsistenz erreicht ist.

Nährwerte p.P.: 145 Kalorien; 12g Fett; 4g Kohlenhydrate, davon 1g Zucker; 6,5g Eiweiß.

Gurken-Smoothie

Zubereitungszeit: 3 Minuten. Ergibt 4 Portionen.

2 mittelgroße Gurken, geschält

Eine Handvoll Salatblätter, klein geschnitten

1 Tasse Kokosmilch

½ Tasse Kokosraspeln, ungesüßt

2 EL frische Minze, klein gehackt

Alle Zutaten, eine halbe Tasse Kokosmilch und eine halbe Tasse Joghurt in einem Mixer gut vermischen. Die restlichen Zutaten schrittweise dazugeben, bis die gewünschte Konsistenz erreicht ist.

Nährwerte p.P.: 150 Kalorien; 12g Fett; 6g Kohlenhydrate, davon weniger als 1g Zucker ; 6g Eiweiß.

Schoko-Smoothie

Zubereitungszeit: 3 Minuten. Ergibt 1 Portion.

100ml Kokosmilch

100ml Wasser

1 EL Kokosöl, flüssig

2 EL Kakaopulver, ungesüßt

1 EL Chia-Samen

5 Tropfen Vanilleessenz

5-7 Eiswürfel

½ TL Zimt

Alle Zutaten in einem Mixer vermischen. In einem hohen Glas servieren.

Nährwerte p.P.: 400 Kalorien; 40g Fett; 8g Kohlenhydrate, davon 0g Zucker; 4g Eiweiß.

Bananen-Smoothie

Zubereitungszeit: 3 Minuten. Ergibt 4 Portionen.

1 Banane, geschält

1 Tasse Kokosmilch

1 Tasse Sahne

1 Tasse Mandelmilch, ungesüßt

Eine Handvoll Eisbergsalat-Blätter, geschnitten

½ TL Vanilleessenz

Alle Zutaten, eine halbe Tasse Mandelmilch und eine halbe Tasse Kokosmilch in einem Mixer gut vermischen. Die restlichen Zutaten schrittweise dazugeben, bis die gewünschte Konsistenz erreicht ist.

Nährwerte p.P.: 251 Kalorien; 22g Fett; 11g Kohlenhydrate, davon 6g Zucker; 2,5g Eiweiß.

Erdbeer-Smoothie

Zubereitungszeit: 3 Minuten. Ergibt 2 Portionen.

6 Erdbeeren

1 Tasse Kokosmilch

½ Tasse Sahne

4 Tropfen Vanilleessenz

1 TL frische Minze, klein gehackt

4-5 Eiswürfel

Alle Zutaten in einem Mixer gut vermischen. In zwei Becher gießen und servieren.

Nährwerte p.P.: 384 Kalorien; 39g Fett; 6,5g Kohlenhydrate, davon 3g Zucker; 3g Eiweiß.

Desserts

Rafaello

Zubereitungszeit: 20 Minuten (+ mind.1 Stunde kühlen) Ergibt 20 Portionen.

250g Kokosöl
100ml Kokosmilch
170g Kokosraspeln
2-3 EL Mandeln, grob gehackt
Tropfen Stevia

Alle Zutaten außer den Mandeln in einer Schüssel gut vermischen. Handflächen mit Wasser leicht anfeuchten. Mit einem Esslöffel etwas Teig schöpfen und ein paar Stücke Mandeln in die Mitte legen. Den Teig mit den Handflächen sanft zu einer Kugel formen und in einer Schüssel mit Kokosraspeln wälzen. Es entstehen 30-40 Kugeln. Bei Sommertemperaturen im Kühlschrank aufbewahren.

Nährwerte p.P. (2 Kugeln): 162 Kalorien; 17,5g Fett; 5,2g Kohlenhydrate, davon 1g Zucker; 0,5g Eiweiß.

Kokos-Schokoladenpralinen

Zubereitungszeit: 1,5 Stunden. Ergibt 10 Portionen.

½ Tasse Kokosöl, flüssig

½ Tasse Kakaopulver, ungesüßt

½ TL Vanilleessenz

5 EL Mandelmus

5 EL Erythritol

5 Tropfen Stevia

Kokosöl, Kakaopulver, Vanilleessenz, Stevia und Erythritol in einer Schüssel vermengen. Schokoladenmischung in eine Silikonform für Pralinen geben und dabei gleichmäßig verteilen. Die Silikonform etwa 20-30 Minuten kühlen, bis die Mischung fest wird. Mandelmus über die Schokolade geben und gleichmäßig verteilen. Pralinen im Kühlschrank aufbewahren.

Nährwerte p.P.: 182 Kalorien; 16g Fett; 6g Kohlenhydrate, davon 0,5g Zucker; 3g Eiweiß.

Bananenpudding mit Chia-Samen

Zubereitungszeit: 2 Stunden. Ergibt 4 Portionen.

1 Tasse Kokosmilch

1 reife Banane

¼ Tasse Chia-Samen

½ TL Zimt

6 Tropfen Vanilleessenz

Banane in einer Schüssel zerdrücken. Alle Zutaten gut vermischen und in kleine Gläser portionieren. Mindestens 2 Stunden vor dem Servieren im Kühlschrank aufbewahren.

Nährwerte p.P.: 207 Kalorien; 12,g Fett; 14,5g Kohlenhydrate, davon 3,5g Zucker; 7g Eiweiß.

Mousse au Tiramisu

Zubereitungszeit: 10 Minuten (+ 2 Stunden kühlen).
Ergibt 4 Portionen.

1 EL Kaffee

1 EL Kakaopulver

100ml Schlagsahne

4 EL Erythritol

100g Mascarpone

1 TL Vanilleessenz

Schlagsahne mit einem Mixer steif schlagen. Mascarpone, Erythritol, Vanilleessenz und Kaffee in einer Schüssel vermischen, bis der Erythritol zergeht. Schlagsahne in der Mascarponemischung sorgfältig unterheben. Mischung mit einem Löffel in vier kleine Behälter zu 1/3 einfüllen und mit Kakaopulver bestreuen. Füllung der Behälter mit den restlichen 2/3 fortsetzen und wieder mit Kakaopulver bestreuen. Zum Schluss alles mit Kakaopulver bestreuen. Behälter abdecken und ca. 2 Stunden im Kühlschrank aufbewahren. Kühl genießen.

Nährwerte p.P.: 210 Kalorien; 22g Fett; 1,5g Kohlenhydrate, davon 1,2g Zucker; 2g Eiweiß.

Erdnuss-Kugeln

Zubereitungszeit: 10 Minuten (+ 30 Minuten kühlen).
Ergibt 6 Portionen.

4 EL Mandelmus

2 EL reine Erdnussbutter

2 EL Kochsahne

4 Tropfen Stevia

Alle Zutaten in einer Schüssel gut vermischen. Mischung 30 Minuten inden Kühlschrank stellen. Handflächen anfeuchten und mit einem Löffel in die Mischung schöpfen. Eine Kugel zwischen den Handflächen formen. Kühl servieren.

Nährwerte p.P.: 113 Kalorien; 9;5g Fett; 3g Kohlenhydrate; 3g Eiweiß.

No-Bake-Heidelbeer-Cheesecake

Zubereitungszeit: 2 Stunden. Ergibt 6 Portionen.

1/3 Tasse Mandelmehl

220g Frischkäse bei Zimmertemperatur

200ml Schlagsahne

½ TL Vanilleessenz

1 EL Zitronensaft

1 EL Butter, flüssig

2 EL Erythrit

2 Tropfen Stevia

Schale einer halben Zitrone, gerieben

Eine Handvoll frische oder tiefgefrorene Heidelbeeren

Butter, Mandelmehl und Stevia vermischen und am Boden einer runden Springform sanft andrücken und ebenmäßig formen. Kühl lagern. Frischkäse, Vanilleessenz, Zitronensaft und Zitronenschale in einer Schüssel gut verrühren. Schlagsahne mit Erythrit mit einem Mixer unterschlagen, bis eine steife Mischung entsteht. Sahne der

Frischkäsemischung unterheben, in die Springform übertragen, glatt streichen und mit Heidelbeeren verzieren. Vor dem Servieren für 1 ½ Stunden im Kühlschrank aufbewahren.

Nährwerte pro Person: 320 Kalorien; 31g Fett; 6g Kohlenhydrate, davon 1g Zucker; 5g Eiweiß.

Hausgemachte Zartbitter-Schokolade

Zubereitungszeit: 5 Minuten. Ergibt 220g Schokolade/10 Portionen.

120g Kakaobutter

50g Kakaopulver, ungesüßt

50g Erythritol

1 TL Vanilleessenz

Prise Salz

Kakaobutter in einen kleinen Topf geben. Wasser in einem großen Topf aufkochen und den kleinen Topf hineinstellen, so dass die Kakaobutter durch indirekte Hitze anfängt zu schwitzen. Wenn sie flüssig ist, vom Herd nehmen, Kakaopulver, Erythritol, Vanille und Salz dazugeben und verrühren. In eineSilikonform gießen und bei Zimmertemperatur oder im Kühlschrank aufbewahren. Bis zu drei Monate haltbar.

Nährwerte p.P.: 150 Kalorien; 16g Fett; 3,5g Kohlenhydrate, davon 1,5g Zucker; 1g Eiweiß.

Low Carb Erdbeer-Eis

Zubereitungszeit: 15 Minuten (+ Einfrierzeit). Ergibt 10 Eiskugeln.

80g Erdbeeren, frisch oder tiefgefroren

160g Frischkäse

60ml Kokosöl, flüssig

2 EL Erythritol

1 TL Vanilleessenz

Alle Zutaten in einem Mixer fein pürieren. Mischung in eine Silikonform geben, etwa 2 EL pro Öffnung. Mindestens zwei Stunden vor dem Servieren tiefkühlen.

Nährwerte p.P. (1 Eiskugel): 83 Kalorien; 9g Fett; 1g Kohlenhydrate, davon 1g Zucker; 1g Eiweiß.

Minze-Eis mit Schokostreuseln

Zubereitungszeit: 15 Minuten (+Einfrierzeit). Ergibt 14 Eiskugeln.

Fleisch einer Avocado

240g Mascarpone

5 EL Erythritol

1 TL reines Minze-Extrakt oder 1 EL frische Minze

60g hausgemachte Zartbitterschokolade, gehackt

Alle Zutaten (außer Schokolade) in einem Mixer zu einer homogenen Masse pürieren. Zum Schluss die

Schokostückchen unterschlagen. Mischung in eine Silikonform geben, etwa 2 EL pro Öffnung. Mindestens zwei Stunden vor dem Servieren tiefkühlen. Bis zu drei Monate im Tiefkühlfach haltbar.

Nährwerte p.P. (1 Eiskugel): 100 Kalorien, 9,5g Fett; 11g Kohlenhydrate, davon 1g Zucker; 2g Eiweiß.

Ketogenes Schokoladeneis

Fleisch einer Avocado

50g Kakaopulver, ungesüßt

100g Mascarpone

200g Kokosmilch

5 EL Erythritol

Alle Zutaten in einem Mixer zu einer homogenen Masse pürieren. Mischung in eine Silikonform geben, etwa 2 EL pro Öffnung. Mindestens zwei Stunden vor dem Servieren tiefkühlen. Bis zu drei Monate im Gefrierfach haltbar.

Nährwerte p.P. (1 Eiskugel): 123 Kalorien, 9,5g Fett; 11g Kohlenhydrate, davon 8g Zucker; 2g Eiweiß.

Cheesecake-Eis mit Zitrone und Limette

Zubereitungszeit: 15 Minuten (+Einfrierzeit). Ergibt 10 Eiskugeln.

240g Frischkäse

60g Kokosöl

2 El Erythritol

1 TL frischgepresster Zitronensaft

1 TL frischgepresster Limettensaft

1 TL Zitronenschale

1 TL Limettenschale

Alle Zutaten in einem Mixer zu einer homogenen Masse pürieren. Mischung in eine Silikonform geben, etwa 2 EL pro Öffnung. Mindestens zwei Stunden vor dem Servieren tiefkühlen. Bis zu drei Monate im Gefrierfach haltbar.

Nährwerte p.P. (1 Eiskugel): 105 Kalorien; 11g Fett; 11g Kohlenhydrate, davon 1g Zucker; 2g Eiweiß.

Nachricht an den Leser

Lieber Leser, liebe Leserin,

leider hat dieses Buch nur Schwarz-Weiß Bilder. Wir hätten sehr gerne das Buch in Farbe drucken lassen, jedoch sind wir nur ein sehr kleiner Verlag. Daher sind die Druckkosten sehr hoch und wir hätten dieses Buch nicht unter 20€ anbieten können, was unangemessen teuer ist.

Als kleine Entschuldigung würden wir Ihnen gerne das Buch als PDF mit Farbbildern zusenden.

Schreiben Sie uns einfach eine E-Mail an:

dein.buecher.shop@gmail.com

Wir hoffen auf Ihr Verständnis.

Impressum

Text: Copyright © 2017 by Sophia Thiemann

Impressum und Verlag Sophia Thiemann

c/o Papyrus Autoren-Club, R.O.M. Logicware GmbH Pettenkoferstr. 16-18, 10247 Berlin

Cover-Foto: Elenadesign/ https://www.shutterstock.com/de/image-photo/fresh-salad-chicken-tomatoes-spinach-avocado-257612077

Fotos: ©

Shutterstockphoto3/ www.shutterstock

margouillat photo/ www.shutterstock.com

g-stockstudio/ www.shutterstock.com

holbox/ www.shutterstock.com

Pressmaster/ www.shutterstock.com

Kurhan/ www.shutterstock.com

Wichtiger Hinweis:

Haftung für Links

Das Buch enthält Links zu externen Webseiten Dritter, auf deren Inhalte wir keinen Einfluss haben. Deshalb können wir für diese fremden Inhalte keine Gewähr übernehmen. Für die Inhalte der verlinkten Seiten ist stets der jeweilige Anbieter oder Betreiber der Seiten verantwortlich. Die verlinkten Seiten wurden zum Zeitpunkt der Verlinkung auf mögliche Rechtsverstöße überprüft. Rechtswidrige Inhalte waren zum Zeitpunkt der Verlinkung nicht erkennbar. Eine permanente inhaltliche Kontrolle der verlinkten Seiten ist jedoch ohne konkrete Anhaltspunkte einer Rechtsverletzung nicht zumutbar. Bei Bekanntwerden von Rechtsverletzungen werden wir derartige Links umgehend entfernen.

Printed in Poland
by Amazon Fulfillment
Poland Sp. z o.o., Wrocław